경제개념
어렵지 않아요!

경제개념 어렵지 않아요!

1판 1쇄 인쇄 | 2019. 9. 15.
1판 1쇄 발행 | 2019. 9. 20.

손혜령 글 | 이종은 그림

발행처 도서출판 거인
발행인 박형준
책임편집 안성철
디자인 박윤선
마케팅 이희경 김경진

등록번호 제2002-000121호
주소 서울시 마포구 와우산로48 로하스타워 803호
전화 02-715-6857
팩스 02-715-6858

값은 표지에 있습니다.
ISBN 978-89-6379-182-1 73320

우리 생활 속에 경제가 보여요

경제활동이란? …… 8
경제는 누가 움직일까? …… 12
하나를 선택하면 다른 걸 포기해야 돼 …… 16
주식을 하면 부자가 될 수 있을까? …… 20
세금은 국회에서 법으로 정해 …… 24
왜 실업이 문제가 될까? …… 28
직업이 점점 다양해져 …… 32
기부도 경제 활동이야! …… 36

돈을 알면 경제가 보여요

화폐는 나라의 얼굴 …… 40
돈의 흐름을 알면 경제를 알 수 있어 …… 42
저축에도 기회비용이 있어 …… 44
신용카드는 잘 쓰면 약, 못 쓰면 독 …… 48
'한국은행'은 은행의 은행 …… 52
가난한 사람에게만 돈을 빌려 준다고? …… 56
나라가 빚을 지고 있다고? …… 58
물가가 왜 자꾸 오를까? …… 62
계획을 세워 용돈을 사용해야 돼 …… 66

시장에 가면 경제가 보여요

시장의 '보이지 않는 손' …… 72
직거래와 로컬 푸드 …… 78
돈을 벌려면 생산성을 높여야 해 …… 82
미래의 첨단 산업은? …… 86
디지털 산업이 뜬다 …… 90
백화점 세일은 손해일까, 이익일까? …… 92
편의점이 밤새 문을 여는 까닭은? …… 94
외국 기업들이 몰려와 …… 96
독점과 특허, 뭐가 다를까? …… 100

세계를 보면 경제가 보여요

왜 우리나라는 수출에 힘쓰지? …… 104
세계 경제는 서로 영향을 미쳐 …… 108
무역 다툼이 생기면 누가 해결해 주지? …… 110
환율이 오르면 물가가 안정된다고? …… 114
왜 공정 무역이 중요할까? …… 118
짝퉁이 왜 나쁠까? …… 120
나라마다 성적표가 있어 …… 122
우리나라는 부자 나라일까? …… 124

우리 생활 속에 경제가 보여요

1 경제활동이란?

— 경제활동은 살아가기 위한 모든 활동이야!

살아가는 데에는 책이나 학용품같은 눈에 보이는 재화도 필요하고, 의사 선생님의 진료와 같이 눈에 보이지 않는 서비스도 필요해요. 이러한 재화와 서비스를 얻기 위해 생산하고, 분배하고, 소비하는 모든 활동을 경제활동이라고 해요.

사람은 경제활동을 하면서 늘 대가를 치뤄요. 책을 보려면 책값을 내야 하고, 의사 선생님의 진료를 받으려면 의료비를 내야 해요. 생활에 필요한 재화와 서비스의 생산, 분배, 소비를 하는 경제활동은 서로의 필요에 따라 이루어진답니다.

재화와 서비스를 만들고, 나누고, 쓰는 사람이나 집단을 경제활동의 주체라고 하고, 경제활동에 필요한 재화와 서비스를 경제활동의 객체라고 합니다.

요점 정리
우리는 눈에 보이는 재화와 눈에 보이지 않는 서비스에 대한 대가를 치르며 경제활동을 해요.

— 자유롭게 경쟁을 해!

"아맛나 초코 과자? 더맛나 땅콩 과자? 뭘 먹을까?"
행복한 고민이죠? 우리에겐 자신이 좋아하는 과자를 고를 자유가 있어요. 경제활동에 자유와 경쟁이 없다면 저마다 원하는 걸 고르거나 사기 어려울 거예요.

우리에겐 경제활동의 자유가 있어요. 내 돈을 자유롭게 쓸 수 있고, 어른이 되면 원하는 직업도 고를 수 있지요. 그렇다고 자유가 원하는 모든 걸 얻을 수 있다는 뜻은 아니에요. 재화와 서비스는 한정되어 있어서 때론 원하는 것을 얻기 위해 남과 경쟁해야 할 일도 생긴답니다.

우리나라는 자유와 경쟁을

> **교실밖 * 톡톡상식**
>
> 우리나라는 자유롭게 경쟁하는 '자유주의 경제 제도'를 채택하고 있어요. 이것과 반대되는 경제 제도로는, 같이 일하고 벌어들인 것을 고르게 나누는 '사회주의 경제 제도'가 있어요.

내세운 '자유주의 경제 제도'를 채택하고 있어요. 기업들은 더 좋은 물건을 만들기 위해 경쟁하고, 소비자들은 가격과 품질을 비교해 자유로이 사고 싶은 걸 고를 수 있지요. 소비자의 경제활동을 바탕으로 기업들이 더 좋은 품질의 물건을 만들기 위해 노력해 나갈 때 우리 경제도 발전할 수 있어요.

2 경제는 누가 움직일까?

― 경제를 이끄는 삼총사는 가계, 기업, 정부

학급마다 반을 통솔하는 반장이 있듯이 경제를 이끌어 가는 반장도 있어요. 하나도 아닌 셋이나요. 바로 가계, 기업, 정부예요.

가계는 쉽게 말해 가정이에요. 가족의 보금자리이자 경제의 가장 작은 단위죠. 주로 살아가는 데 필요한 물건을 사는 소비 활동을 해요. 또한 부모님이 회사를 다니거나 가게를 차리는 등 생산 활동에도 참여해 소득도 얻어요.

기업에선 주로 먹을 것, 입을 것 등을 만드는 생산 활동을 해요. 생산 활동을 통해 돈을 벌지요.

정부는 나라 살림을 하며 가계와 기업이 잘 돌아가게 도와줘요.

● 요점 정리
경제를 이끌어가는 경제 주체에는 가계, 기업, 정부가 있어요.

가계와 기업이 하기 힘든 일을 처리해 주는 해결사 노릇도 하지요. 국민이 낸 세금으로 경찰서와 도서관 등 공공시설을 짓고, 도로도 만들고, 쓰레기도 치우고, 군대를 만들어 나라를 지켜요. 가계, 기업, 정부가 경제를 이끄는 경제 주체랍니다.

- 경제는 돌고 돌아야 발전할 수 있어!

가계, 기업, 정부가 서로 도움을 주고받아야 경제도 발전할 수 있어요. 그만큼 셋은 아주 가까이 연결되어 있답니다.

휴대전화를 예로 들어 볼까요?

부모님께서 어린이날 선물로 휴대전화를 사 주셨어요. 부모님이 회사에서 일을 해서 받은 월급의 일부로 사셨죠. 이 휴대전화 가격에는 세금도 포함되어 있어요. 이 세금은 정부에 내는 거예요. 휴대전화는 뛰어난 기술을 가진 우리나라 대기업에서 생산했어요. 기업에서는 솜씨 좋은 노동자를 고용해 휴대전화를 만들게 하고 노동자들에게 그 대가로 월급을 줘요. 휴대전화 전문 매장에서는 이 휴대전화를 팔아 벌어들인 소득의 일부를 정부에 세금으로 내요.

정부에서는 가계와 기업에서 거두어들인 세금으로 나라 살림을 해요. 교통이 불편하면 도로를 넓히고 문화 공간이 부족하면 문화센터도 세워요. 회사에서 휴대전화에 필요한 첨단 기술을 연구하고 개발할 수 있도록 지원도 해 주지요.

이처럼 가계, 기업, 정부는 서로 긴밀히 연결되어 있어요. 하나가 어려워지면 나머지도 함께 어려워지지요. 가계가 돈이 없어 소비를 줄이면 기업은 물건을 팔기가 어려워져요. 세금도 덜 내니 정부에서도 나라 살림이 어려워진답니다.

3 하나를 선택하면 다른 걸 포기해야 돼

- 후회없는 선택을 하려면 합리적인 선택을 해!

사람들은 끊임없이 무언가를 갖고 싶어 합니다. 휴대전화도 갖고 싶고, 좋아하는 가수의 CD도 사고 싶습니다. 하지만 갖고 싶어 하는 걸 모두 살 수는 없어요. 돈은 한정되어 있으니까요. 석유와 같은 자원도 그 양이 한정되어 있어서 마음껏 사용할 수 없어요. 이와 같이 인간의 욕구는 무한한데, 그 욕구를 충족시켜 줄 자원이 상대적으로 부족한 현상을 '희소성의 법칙'이라고 합니다. 희소하다는 건 매우 드물고 적다는 뜻이에요.

희소할수록 값도 비싸요. 다이아몬드는 세계에서 극히 조금만 생산되기 때문에 그 값이 비싸요.

자원이 한정되어 있으므로 우리는 어쩔 수 없이 날마다 어느 한 쪽을 선택하며 살아가야 합니다. 때로는 만족스러운 선택을 하기도 하

고, 때로는 크게 후회할 선택을 하기도 해요.

가장 큰 만족을 얻기 위해서는 합리적으로 선택해야 합니다. 만약 부모님이 '휴대전화를 갖고 싶으면 성적을 올려.'라고 말씀하셨다면, 여러분은 어느 쪽을 선택하겠어요? 휴대전화를 포기하고 노는 걸 선택했지만 계속 후회가 남는다면, 부모님의 말씀을 따르는 것이 합리적인 선택이라고 할 수 있겠지요.

— 얻는 게 많아지면 만족이 덜해

어떤 것을 선택하기 위해 포기하게 된 여러 활동 중에서 가장 아쉽고 아까운 것의 가치를 '기회비용'이라고 해요. 기회비용이 크면 잘못된 선택일 가능성이 커요. 자신의 선택에 만족하지 못하고 후회하고 있다는 의미니까요. 처음에는 만족스러운 선택이었지만 더 많이 얻을수록 만족감이 낮아질 때도 있어요.

예를 들어, 자장면을 먹을 때를 기억해 보세요.

처음 한 그릇을 먹을 땐, 후루루 쩝쩝 정말 꿀맛이지요. 두 그릇째는요? 음, 그럭저럭 맛있네요. 세 그릇째를 먹으면요? 슬슬 배가 불러와요. 무슨 맛인지도 잘 모르겠어요. 그럼, 네 그릇째는요? 누가 이것 좀 제발 치워 줬으면 싶을 거예요.

이처럼 재화나 서비스를 많이 얻을수록 만족감이 점점 낮아지는 걸 가리켜 '한계효용체감의 법칙'이라고 해요. '한계효용'은 물건을 하나씩 더할 때의 만족감을 뜻하고, '체감'은 줄어든다는

뜻이에요. 무엇이건 많다고 무조건 좋은 것만은 아니죠?

4 주식을 하면 부자가 될 수 있을까?

- 주식이 뭐야?

"드디어 타임머신을 만들었어. 난 이제 부자야, 야호!"

세계 최초로 타임머신을 발명한 거인 박사가 들뜬 목소리로 외쳤어요. 그러나 거인 박사는 타임머신을 만드느라 돈을 다 써 버렸어요. 과연 거인 박사가 돈을 다시 모을 방법이 있을까요?

거인 박사가 공장을 짓고, 기술자를 뽑는 등 큰 규모의 회사를 세우려면 아주 많은 돈이 필요합니다. 그 많은 돈을 단번에 마련하기는 불가능하지요. 그래서 회사에서는 주식

교실밖 * 톡톡상식

은행에서 돈을 빌리는 것과 주식은 달라요. 은행에서 돈을 빌리는 건 언젠가 갚아야 하는 일종의 빚이에요. 하지만 주식은 투자예요. 회사가 망해도 돈을 돌려받을 수 없어요.

을 발행하여 사람들에게 팔아요. 주식은 돈을 투자했다고 증명해 주는 문서예요. 사람들은 회사가 앞으로 잘 운영될지, 기술이 뛰어난지 등을 따져 보고 주식을 삽니다.

주식을 산 사람들은 회사 경영에도 참여해요. 회사가 운영을 못하면 쓴소리도 하고, 개선점을 제시 하기도 해요.

– 투자를 잘하면 돈을 많이 벌 수 있어!

물건을 자유롭게 사고팔 듯이 주식도 사고팔 수 있답니다.
주식 거래를 하는 증권 거래소에는 별 볼일 없는 주식은 취급하지 않아요. 심사를 해서 까다로운 조건을 통과한 회사에서 발행한 주식만 사고팔 수 있어요.
주식을 사고팔려면 끊임없이 주가(주식의 가격)의 움직임을 살펴야 합니다. 날마다 오르락내리락하는 주가는 회사의 성적표와 다름없어요. 어제보다 주가가 올랐다면 주식을 사는 사람이 많다는 뜻이에요. 회사가 운영을 잘하고 있다는 뜻이지요.
주식 투자를 잘하면 짧은 시간에 많은 돈을 벌 수 있습니다. 투자한 회사가 잘 되어 돈을 벌면 그 회사의 주식을 가진 사람들도 자신이 투자한 금액에 비례해 이익을 돌려받아요. 은행 이자보다도 세요.
하루 만에 투자한 돈의 두 배, 세 배도 벌 수 있거든요.

하지만 큰 손해도 볼 수 있어요.
투자한 회사가 망하면 투자한 돈을
몽땅 잃게 돼요. 주식도 휴지 뭉치가 되고요.
주식은 신중하게 판단해서 결정해야 돼요. 큰돈을 벌어보려는
욕심에 무리하게 사는 건 절대 금물이에요.

5 세금은 국회에서 법으로 정해

― 세금을 거두어 나라 살림을 해

정부에서는 나라 살림을 하기 위해 여러 가지 세금을 거두어요. 어린이들도 알게 모르게 세금을 내요. 하다못해 간식거리에도 세금이 포함돼 있어요. 990원짜리 아이스크림을 사 먹으면 90원이 세금으로 나간답니다.

나라 살림을 하려면 큰돈이 필요해요. 이 돈으로 어린이가 다니는 초등학교도 만들어요. 초등학교와 중학교까지 수업료도 공짜예요. 대한민국 국민이라면 누구나 다 의무적으로 교육을 받도록 나라에서

교실밖 *톡톡상식

아이스크림에 내는 세금은 부가가치세라고 해요. 어떤 물건을 만들거나 유통 과정에 붙는 세금이지요. 영수증에 'VAT'라고 표시되어 있어요.

법으로 정했기 때문이지요. 도로와 길, 공원, 도서관, 가로등, 경찰서 등의 공공시설도 세금으로 만들어요. 또 세금은 돈을 많이 벌면 많이 내게 하고, 적게 벌면 적게 내요. 부자에게 돈을 많이 번 만큼 세금을 더 내게 하여 빈부 격차를 줄이지요. 그렇다고 세금을 함부로 걷지는 않아요. 나라 살림에 꼭 필요한 돈만 걷어요. 그리고 세금을 함부로 걷을 수 없도록 국회에서 법으로 정해 두었어요.

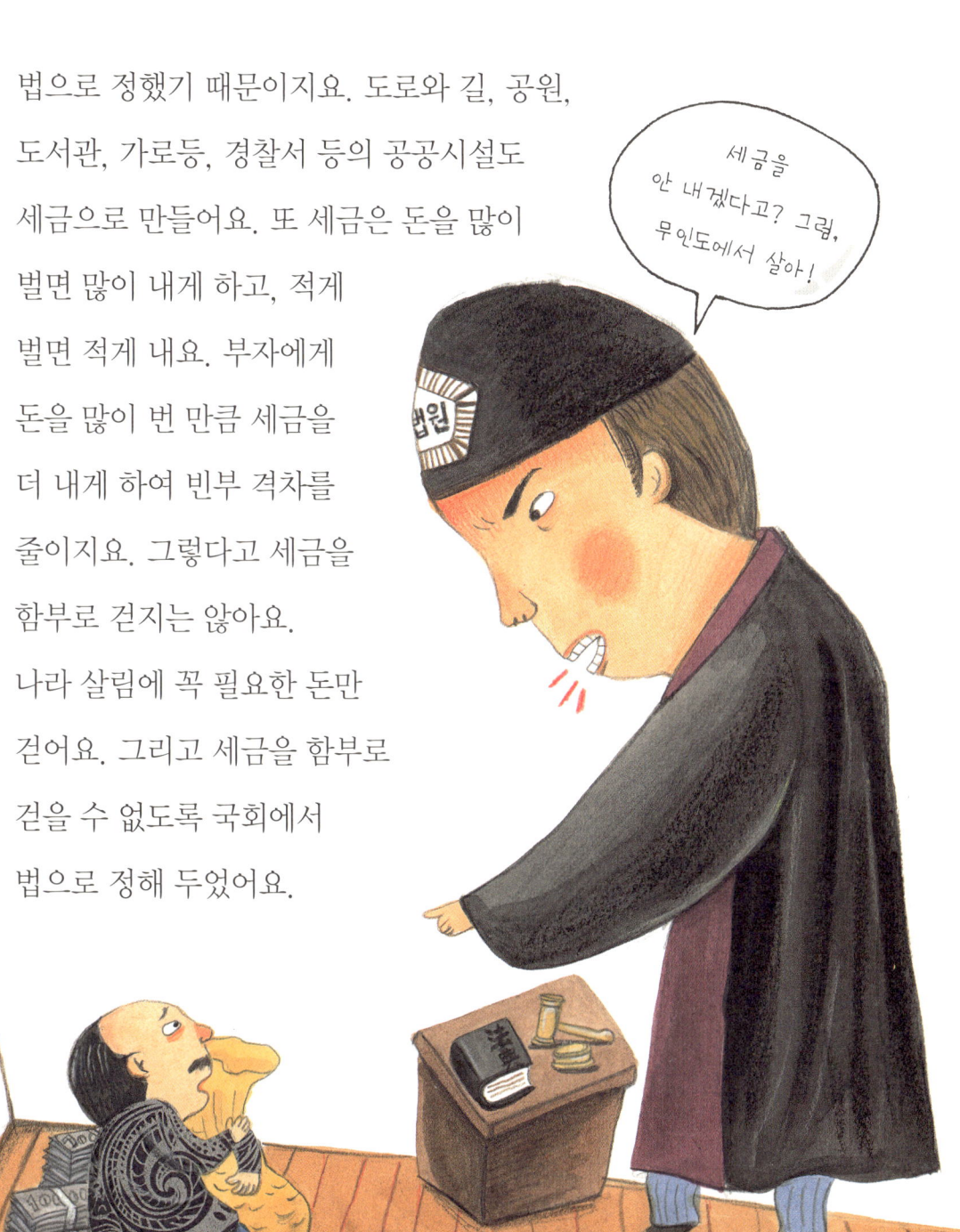

- 세금은 변덕쟁이?

우리가 내는 세금 중에는 새로 추가된 것도 있고, 옛날엔 있었지만 없어진 세금도 있어요. 시간이 지나면서 필요에 따라 생기거나 없어져요. 예를 들어 기름 값에는 10년 전부터 주행세가 추가됐어요. 원래는 교통세와 교육세, 부가가치세, 이렇게 세 가지가 포함됐었지요. 지방주행세는 차가 달리는 거리에 따라 매기는 세금이에요. 사람들이 함부로 운전하거나 아무 데나 담배꽁초를 버릴 수 없도록 하기 위해 교통세와 담배세의 세금도 갈수록 오르고 있답니다.

환경의 중요성이 커지면서 탄소세도 새로 생겼어요. 탄소세란 지구의 온난화 방지를 위해 이산화탄소를 배출하는 석유 등 각종 에너지 사용량에 따라 부과하는 세금을 말해요.

● **요점 정리**
세금은 필요에 따라 새로 생기거나 없어져요.

이웃나라인 중국만 해도 사회보장세, 재산세, 환경세 등을 새로 만든다는 발표도 있었어요. 빈부 격차를 없애고 땅 투기나 환경 오염 등을 줄이기 위해서예요. 그리고 핀란드는 국민 건강을 위해 사탕과 청량음료에 매기는 세금을 추가시켰어요. 덴마크도 비만을 유발하는 식품에 특별세를 물렸답니다.

6 왜 실업이 문제가 될까?

- 일자리가 없는 초등학생도 실업자일까?

친구 생일 선물을 사느라 용돈을 며칠 만에 다 써 버린 거인이가 한숨을 푹 쉽니다.

"이제 어떡하지? 차라리 어디 취직해 돈이라도 벌까?"

사람들은 일을 하고 번 돈으로 생활에 필요한 것도 사고, 예쁜 옷도 사지요.

그럼 초등학생도 직업을 가질 수 있을까요?

그 대답은 '아니다'예요. 우리나라에서는 15살이 넘어야 취업할 수 있어요. 초등학생은 학교에서 교육을 받는 게 더 중요해요. 사회에 나가면 누구나 직업을 가질 수 있고, 원하는 직업을 선택할 자유도 있어요. 그러나 원하는 직업을 누구나 가질 순 없어요. 요즘처럼 경제적으로 어려우면 더해요. 이와 같이 일을 하고 싶어도 일자리를 구하지 못한 사람을 실업자라고 합니다.

실업자가 되면 돈을 벌지 못해 당장 경제적인 어려움이 생겨요. 또한 생활이 불안정하고 자신의 꿈을 이룰 기회도 얻기 힘들어지지요.
그렇다면 초등학생인 거인이도 실업자일까요?
그렇지 않아요. 실업자란 일할 생각과 능력을 가진 사람이 일자리를 갖지 않거나 갖지 못한 상태를 의미하기 때문이에요.

우리에게도 일할 기회를 달라!

옳소!

옳소!

왜 실업자가 많아질까?

실업은 사회적으로 큰 문제입니다. 만약 부모님이 실업자가 되었다고 생각해 보세요. 당장 쓸 돈이 없으니 살아갈 길이 막막할 거예요. 매일 끼니를 걱정하고 살아야 하니까요.

실업자가 많아지면 나라 경제도 휘청대요. 가정에서는 돈을 아끼기 위해 허리띠를 졸라매요. 간식 살 돈도 아끼고, 신문도 끊지요. 소비가 줄어드니, 기업에서도 물건을 팔기가 어려워집니다. 어쩔 수 없이 직원의 일자리를 줄입니다. 사람을 새로 뽑는 일도 꺼리지요. 정부에서도 거둬들이는 세금이 줄어들어요. 나라 살림이 어려워질 수밖에 없어요.

특히 청년 실업은 커다란 사회 문제예요. 학교를 갓 졸업한 청년들을 써 주지 않아 그 능력을 펼칠 기회조차 빼앗는 것이니까요.

● 요점 정리
실업자가 늘면 가정에서는 소비가 줄고, 회사에서는 고용을 꺼리면서 경제가 어려워져요.

실업자를 줄이는 일이 경제에서 아주 중요해요. 실업자가 늘어나는지 줄어드는지를 보면 경제가 좋은지 나쁜지를 판단할 수 있으니까요.

7 직업이 점점 다양해져

<u>- 나는 커서 뭐가 될까?</u>

여러분은 커서 뭐가 되고 싶어요? 연예인? 과학자? 게임 프로그래머? 직업을 선택할 땐 신중해야 돼요. 왜냐하면 직업은 일한 대가를 받기 때문이에요. 즐기기만 하는 취미와는 달라요.

옛날에는 스스로 직업을 선택할 수 없었어요. 농부의 아들로 태어나면 그 아들도 농부가 되어야했지요.

또 직업도 단순했어요. 농부, 어부, 상인 등 그 종류가 많지 않아요. 하지만 오늘날은 달라요. 분업의 영향으로 직업도 아주 다양해졌어요.

현재 우리나라에 있는 직업의 종류는 1만 개가 넘어요. 옛날부

● **요점 정리**
직업을 선택할 땐 자기 적성에 잘 맞는지, 보람 있는 일인지 생각하고 결정해야 해요.

터 계속 이어져 오고 있는 직업도 있지만 사회가 발전하면서 없어지거나 새로 생긴 직업들도 많아요.

미래의 자기 직업은 어릴 적부터 충분히 고민하고 생각하는 게 좋아요. 자기 적성에 잘 맞는 것, 보람 있는 일을 선택해야 해요.

- 어린이들이 바라는 미래 직업 순위 -

1위 가수
2위 탤런트
3위 선생님

나는 뭐가 될까?

– 뜨는 직업, 지는 직업

"타실 분 안 계시면 오라이~."

여러분은 혹시 부모님께 버스 요금을 받고 거스름돈을 거슬러 주던 버스 안내양에 대해 들어 본 적이 있나요?

버스 안내양은 지금으로부터 50여 년 전에 있던 직업이에요. 당시 버스 안내양과 더불어 여성에게만 있던 직업이 더 있어요. 전화를 연결해 주는 전화 교환원이에요.

아마 어린이들은 처음 들어 보는 직업일 거예요. 그 밖에도 컴퓨터가 없던 시절에는 타자기로 문서를 작성하던 타이피스트도 있었답니다.

● 요점 정리
기술이 발달하고 인터넷이 보급되면서 많은 직업이 사라지고 새로운 직업이 생겨났어요.

기술이 발달하면서 이제는 찾아볼 수 없는 직업들이지요.
오늘날 많은 어린이들이 희망하는 게임 프로게이머라는 직업은 그 역사가 짧아요. 1990년대에 새로 생겼으니까 20년이 채 안 되었지요. 컴퓨터와 인터넷이 발달하면서 정보 통신 관련 직업이 폭발적인 인기를 끌고 있어요. 또한 주식을 대신 투자해 주는 펀드 매니저, 증권 분석가 등도 부자가 되고 싶은 사람들의 기대를 반영해 인기를 얻고 있어요.

직업 또한 점점 세분화되고 있어요. 예전에는 없었던 요리 코디네이터, 국제 변호사, 화폐 감별사, 파티 매니저 등이 새로운 직업으로 떠오르고 있답니다.

8 기부도 경제활동이야!

- 이웃을 도울 줄 아는 부자가 진짜 부자야!

워런 버핏은 50조 원이 넘는 재산을 가진 세계 2위의 부자예요. 어릴 적부터 돈의 세계에 관심이 많았던 그는 중학생 때 '35살에 백만장자가 되겠다'는 꿈을 가졌습니다. 그때부터 신문 배달 등의 아르바이트를 해서 번 돈으로 직접 주식 투자를 했어요.

하지만 정작 워렌 버핏이 유명해진 건 부자라서가 아니라 기부 때문이었어요. 그는 투자 회사를 운영하며 모은 재산의 대부분을 기부하겠다고 밝혔거든요.

교실밖 * 톡톡상식

'워런 버핏과의 점심은 얼마일까요?' 지난해 한 사이트에서 워런 버핏과 함께 점심 식사를 할 수 있는 자선 경매를 내걸었답니다. 마지막으로 결정된 가격이 무려 21억 원이 넘었어요.

자신이 가진 돈이나 물건으로 아무 대가없이 이웃이나 사회를 돕는 활동을 기부라고 해요. 이렇게 기부한 돈은 형편이 어려운 사람들을 위해 교육, 병원 치료 등에 써요. 기업 활동으로 벌어들인 돈을 사회에 다시 돌려줌으로써 빈부 격차를 없애는 데도 도움이 되지요. 기부는 어려운 일이 아니에요. 돈이 있는 사람은 돈으로, 재능이 있는 사람은 재능으로 다른 사람들을 도울 수 있답니다. 자원봉사도 일종의 기부예요. 피아니스트가 어려운 사람들을 모아 음악을 들려주는 것도 기부고요.

결국 기부는 돈의 문제가 아니라 자신이 가진 것의 일부를 나누는 마음의 문제랍니다.

소외 되고 어려운 이웃과 함께 나누어요.

돈을 알면 경제가 보여요

9 화폐는 나라의 얼굴

— 우리나라 지폐에 실린 위인은 누구일까?

우리나라 화폐에는 존경하는 인물이나 귀중한 문화재를 그려 넣었어요.

*천 원짜리 지폐에 실린 위인은 누구일까요?

퇴계 이황(1501~1570)은 조선 시대를 대표하는 학자로, 벼슬을 마다하고 학문과 후학에 힘썼어요. 부귀는 연기와 같아서 곧 사라진다고 보았거든요.

*오천 원짜리 지폐에 실린 위인은 누구일까요?

조선 시대의 율곡 이이(1536~1584)는 3세

부터 글공부를 시작할 정도로 머리가 뛰어났대요. 철학, 정치, 경제 등 여러 방면에서 뛰어난 실력을 발휘했어요.

*만 원짜리 지폐에 실린 위인은 누구일까요?

조선 시대의 세종대왕(1397~1450)은 어린이들이 존경하는 인물 중 한 명이에요. 모든 백성이 쉽게 배울 수 있는 글자가 없다는 사실이 안타까워 훈민정음을 창제했으며, 측우기, 해시계 등의 과학 기구도 만들었어요.

*오만 원짜리 지폐에 실린 위인은 누구일까요?

신사임당(1504~1551)은 조선 시대 현모양처의 본보기예요. 또한 뛰어난 시인이자 화가로서도 유명했어요. 곤충을 그려 놓으면, 닭이 살아 있는 곤충인 줄 알고 쪼아 대어, 그림을 망치기 일쑤였대요.

10 돈의 흐름을 알면 경제를 알 수 있어

- 돈은 돌고 돌아

사탕이나 장난감, 음식으로 바꿀 수 있는 돈은 어디에서 태어나 어디로 갈까요?

돈의 고향은 한국은행이에요. 한국은행에서 돈의 모양, 찍어낼 돈의 양을 결정하면 조폐공사에서 돈을 찍어낸답니다. 돈은 만들어진 순서대로 번호가 매겨져요. 일종의 이름표와도 같지요.

새로 태어난 돈은 한국은행에 보관했다가 사회로 내보내요. 이때부터 돈의 길고 긴 여행이 시작돼요.

교실밖 * 톡톡상식

사람들이 은행에 저축하면 은행은 기업가 등 돈이 필요한 사람들에게 저축으로 받은 돈을 빌려 줘요. 기업가는 사업을 해서 돈을 벌고, 그 일부를 은행에 이자로 줘요. 돈을 빌려 준 것에 대한 대가인 셈이지요.

돈은 여러 곳을 옮겨 다녀요. 과자를 사는 데도 쓰이고, 학원 교육비에도 쓰여요. 어느 할머니의 지갑에 들어가 꼬깃꼬깃 접힌 채 긴 시간을 잠들기도 해요. 또는 어느 알뜰살뜰한 가게 아줌마를 만나 은행에 저축되기도 하고요. 멀리 해외 나들이를 떠났다가 외화와 바꿔지기도 하지요. 돈은 그렇게 사람들 사이를 돌고 돌다 낡아버리면 다시 한국은행으로 돌아온답니다. 한국은행으로 다시 돌아온 돈은 잘게 쪼개 재활용을 하거나 불태워 없애요.

우리나라 천 원짜리 지폐의 평균 수명은 2년 남짓 밖에 안 된다고 하니, 돈을 좀 더 소중히 다뤄야겠지요?

11 저축에도 기회비용이 있어

- 은행 이자가 오르락내리락해

돈을 빌리는 데 공짜는 없어요. 다른 사람의 돈을 사용하면 그 대가를 지불하지요. 이를 이자라고 해요.

왜 돈을 거래하면 이자를 주거나 받을까요? 이자는 돈을 빌려주는 사람이 다른 기회비용을 포기하고 선택한 대가이기 때문이에요. 다른 사람에게 돈을 빌려주지 않았다면 그 돈으로 땅을 살 수도 있고, 맛있는 걸 사 먹을 수도 있겠지요. 그러나 나라에서는 너무 비싼 이자를 받는 걸 법으로 금하고 있어요.

그렇다면 은행에서는 이자를 어떻게 정할까요?

이자를 정하는 비율을 이자율, 좀 어려운 말로 금리라고 해요. 돈이 필요한 사람이 많아지면 돈의 가치가 올라가 금리도 높아진답니다. 더 많은 이자를 내야 한다는 뜻이지요.

반대로 돈이 필요한 사람이 적어지면 금리도 떨어져요. 적은 이자로 돈을 빌릴 수 있다는 뜻이에요. 금리가 떨어지는 이유는 여러 가지랍니다. 많은 돈이 필요한 기업들이 공장을 늘린다거나 사람들을 고용하지 않아도 금리가 떨어져요. 투자를 하지 않거나 나중으로 미뤄서 돈이 남아돌게 되고, 그 결과 돈의 가치가 떨어졌기 때문이지요.

- 저축에도 합리적인 선택이 필요해

세계 피겨 여왕 김연아 선수는 스케이트도 사고, 연습하기 위해 해외로 훈련도 가고, 코치에게 월급도 주면서 많은 돈을 써요. 그렇다면 김연아 선수가 지금과 같이 필요한 곳에 돈을 쓰는 게 합리적인 선택일까요? 아니면 버는 즉시 무조건 저축하는 게 합리적인 선택일까요?

저축에도 기회비용의 원리가 적용돼요. 저축의 기회비용은 소비이고, 소비의 기회비용은 저축이에요. 다시 말해 저축의 기회비용이 작다면, '돈을 쓰지 않고 저축하길 잘했구나.' 라는 생각이 들 거예요. 저축이 미래에 더 큰 가치로 돌아온다면 저축을 해야지요. 하지만 김연아 선수의 경우에는 스케이트를 사고, 훈련을 하는 데 투자한 효과를 톡톡히 봤지요. 그러므로 김연아 선수에게는 소비가 합리적인 선택이었다고 할 수 있어요.

이처럼 미래에 더 큰 가치로 돌아올 것이 소비일지 저축일지 잘 생각해 보고 합리적인 선택을 해야 합니다.

12 신용카드는 잘 쓰면 약, 못 쓰면 독

- 신용카드의 탄생

"넌 무얼 맡겨도 믿을 수 있어."

"넌 도대체 믿음이 가질 않아."

여러분은 어떤 말을 듣는 쪽인가요? 신용이 있으면 자연스럽게 많은 사람들이 따라요. 그러나 신용이 없으면 주위에서 따돌림을 당하기 마련이지요.

신용이 있으면 돈도 생겨요. 물론 공짜는 아니지만요. 신용이 있으면 돈 대신 쓸 수 있는 신용카드를 만들 수 있답니다. 신용카드는 돈을 대신한다고 해서 '제3의 화폐'라고도 불려요.

오늘날 널리 쓰이는 신용카드는 우연한 기회에 만들어졌어요. 1950년, 뉴욕의 한 식당에서 있었던 일이에요. 기업가 '프랭크 맥나마라'는 고객과 식사를 마치고 계산하려다가 깜빡 잊고 지갑을 두고 왔다는 걸 알고 큰 곤란을 겪었습니다. 그 후, 그는 많은 사람들이 자신과 비슷한 경험이 있다는 것을 알고 친구인 변호사 슈나이더와 함께 신용카드를 만들었는데, 이것이 세계 최초의 신용카드인 다이너스 카드입니다. 식당 주인들에게는 이 카드가 있으면 먼저 식사를 하고 나중에 돈을 갚아도 된다는 사실을 알려 주었어요. 세계 최초의 신용카드가 탄생한 순간이지요.

– 신용카드의 두 얼굴

신용카드를 내면 가게에서는 물건을 줘요. 돈을 받지 않았으니, 외상으로 물건을 주는 것과 다름없지요. 그러나 돈 떼일 걱정은 없어요. 신용카드 회사에서 대신 물건 값을 내 주기 때문이에요.

신용카드 회사는 물건을 구입한 사람으로부터 돈을 나중에 돌려받아요. 그래서 신용카드를 만들기 전에 그 사람의 신용을 철저히 조사해서 신용이 높은 사람에게만 카드를 만들어 주지요.

신용카드는 잘 사용하면 돈을 절약할 수 있어요. 다양한 혜택이 많거든요. 미용실이나 패밀리 레스토랑에 가면 할인 서비스를 해 주고, 연말에는 카드 사용 금액에 따라 돈을 돌려받을 수도 있어요. 그리고 카드로 계산하면 기록이 남기 때문에 가게가 얼마를 벌었는지 알 수 있답니다.

벌어들인 만큼 세금을 내니까 나라 살림에도 도움이 되고요. 하지만 신용카드를 마구 사용하다가 돈을 갚지 못하면 신용 불량자가 돼요. 더 이상 돈을 빌릴 수도 없고, 외국에도 나가지 못하는 등의 불이익을 얻어요.

13 '한국은행'은 은행의 은행

― 나라마다 은행의 은행을 두어요

1950년에 만들어진 한국은행에서는 일반 은행과 다른 특수한 일을 해요.

우리나라의 돈을 발행하는 곳은 한국은행 단 한 곳뿐이에요. 모양이 아무리 똑같아도 다른 곳에서 만든 돈은 다 가짜예요.

또한 국민은 상대하지 않아요. 은행만 상대해요. 그래서 은행의 은행이라고 불려요. 일반 은행들은 번 돈을 한국은행에 예금하고, 돈이 필요하면 한국은행에서 빌려요.

정부도 한국은행하고만 거래해요. 국민에게 거두어들인 세금을 한국은행에 보관해 두었다가 필요할 때 찾아 쓰지요.

● 요점 정리
한국은행은 화폐를 발행하고, 은행과 정부와 거래하는 중앙은행이에요.

각 나라에는 우리나라의 한국은행(BOK)과 같은 중앙은행이 있어요. 일본의 '일본은행(BOJ)', 미국의 '연방준비은행(FRB)', 영국의 '잉글랜드은행(BOE)', 중국의 '중국인민은행(PBC)' 등이 바로 중앙은행이에요. 유럽연합의 국가들은 유럽중앙은행(ECB)을 따로 두어요. 그밖에도 한국은행은 국민 생활을 안정시키고, 경제 발전을 위해 여러 가지 중요한 일을 한답니다.

- 돈의 양을 조절해

한국은행에서는 돈의 양이 지나치게 많아지거나 적어지지 않도록 조절해요. 나라 안에 돈의 양이 지나치게 많으면 여러 가지 방법으로 돈을 거두어들여요.

돈의 양이 늘어나면 사람들의 소득도 커지게 됩니다. 덩달아 씀씀이도 늘어나고, 물가가 오르게 됩니다. 그래서 다른 은행에 돈을 빌려줄 때 이자를 높게 쳐서 받아요. 그러면 사람들은 은행에

서 돈을 덜 빌리게 되고, 돈을 함부로 쓰지 않을 테니까요.

다른 방법도 있어요. 세금을 많이 거두어들여서 사람들이 소비를 줄이도록 만든답니다.

반대로 나라 안에 돈의 양이 지나치게 적으면 돈을 더 발행해서 시중에 풀고, 다른 은행에 돈을 빌려 줄 때도 이자를 적게 받아 돈의 양을 조절하지요. 돈의 양을 조절하는 일은 나라 경제에 있어서 매우 중요한 영향을 미쳐요. 그래서 우리 경제 현상을 조사하고 연구해서 신중하게 결정해요.

14 가난한 사람에게만 돈을 빌려 준다고?

- 마을 은행 '그라민 은행'

가난한 사람은 은행에서 돈을 빌릴 수 없어요. 돈을 갚지 못할 경우를 대비해 은행에 맡길 집이나 값나가는 재산이 없기 때문이에요. 이러한 상식을 깬 은행이 있어요. 바로 '그라민 은행'이에요. 우리말로 하면 '마을 은행'이지요. 이름도 소박하지요?

그라민 은행은 1983년 방글라데시의 경제학자 무하마드 유누스가 만들었어요. 가난한 사람들에게 무료로, 또는 낮은 이자만 받고 돈을 빌려 주는 은행이에요.

유누스는 가난한 여성을 상대로 높은 이자를 매겨 돈을 뜯어내는 고리대금업자의 횡포를 보고, '가난한 사람을 위한 세계 최초의 은행'을 세우기로 결심했대요.

돈을 빌려 주는 원칙은 딱 세 가지예요. '빌린 돈은 제 날짜에 꼭 갚는다', '땅이 없는 사람들에게만 돈을 빌려 준다', '될 수 있으면 여성들과 함께 일한다'는 원칙으로 그라민 은행을 발전시켜 나갔지요. 그 효과는 정말 놀라웠어요. 거의 대다수가 빌린 돈을 제때에 갚았답니다. 그리고 그라민 은행에서 돈을 빌린 780만여 명 가운데 470만여 명이 가난에서 벗어났다고 해요. 그라민 은행과 유누스는 그 공로로 2006년 노벨 평화상을 받았답니다.

15 나라가 빚을 지고 있다고?

- 비상시에 쓰는 외환 보유액

준비물을 급히 사야 하는데 부모님이 외출하셔서 발을 동동 구른 적 없나요? 이럴 때 모아 둔 돼지 저금통이 있다면 비상금으로 요긴하게 쓸 수 있을 거예요.

나라에서도 어려울 때를 대비해 비상금을 두어요. 정부나 한국은행이 가지고 있는 이 돈을 외환 보유액이라고 합니다.

우리나라 돈은 아니에요. 세계 어디서나 쓸 수 있는 금, 미국의 달러화, 일본의 엔화, 유럽의 유로화 등을 보관하고 있답니다.

외환 보유액은 그 나라의 신용과도 같아요. 외환 보유액이 많으

> ● 요점 정리
> 나라의 신용과도 같은 외환 보유액은 나라 경제가 어려울 때를 대비한 비상금 역할을 해요.

면 다른 나라에서는 신용 있는 나라로 여겨서 돈을 쉽게 빌려 줘요. 그렇다고 외화를 무조건 많이 쌓아 두는 건 어리석은 일이에요. 돈을 유지하고 관리하는 데 많은 비용이 들거든요.
그렇다면 외환 보유액을 늘리는 방법은 무엇일까요?
외국인들이 우리나라에 많이 투자하도록 하는 방법인데 외국인 관광객들이 우리나라를 많이 찾도록 하거나 수출을 늘려서 외화를 벌어들이는 방법이 있어요.

– 나라 빚, 외채

돈이 부족하면 다른 사람이나 은행에서 돈을 빌리듯이 나라에서도 세계 다른 나라에 돈을 빌리기도 한답니다. 수출할 물건을 만들고 해외에 공장도 짓기 위해 우리 정부나 기업, 금융 기관이 외국의 금융 기관에 돈을 빌리는 것이지요.

이와 같이 나라가 진 빚을 외채라고 해요. 1년 안에 갚아야 하는 빚도 있고, 장기적으로 갚아야 하는 빚도 있어요.

외채는 외환 보유액과 매우 가까운 관계예요. 외국에 빚을 갚을 때에는 외화로 갚아야 하니까요. 만약 나라에 외화가 부족하면 우리 돈을 주고 외화를 사 와야 해요.

우리 경제가 어려워지면 외화를 사려는 사람이 늘어나고, 우리나라 돈의 가치가 떨어져요. 이로 인해 경제 위기가 오고, 국민

● **요점 정리**
나라가 진 빚을 외채라고 해요.

은 경제난으로 고통을 받게 되지요.

실제로 1997년에 우리나라가 외채를 갚지 못해 경제 위기가 온 적이 있었어요. 우리 기업이나 금융 기관이 가진 돈이 바닥나고, 정부가 가진 외환 보유액마저 부족했어요. 계속되는 빚 독촉에 나라가 파산을 선고할 지경이었어요.

어휴, 생각만 해도 끔찍하죠?

16 물가가 왜 자꾸 오를까?

- 왜 한꺼번에 가격이 오르지?

한때 독일에서는 지폐가 휴지보다 못한 때가 있었답니다. 제2차 세계 대전 이후 전쟁에 패한 독일은 여러 나라에 어마어마한 전쟁 배상금을 물어야 했어요. 전쟁으로 모든 시설은 파괴되었고, 일자리를 잃은 사람들이 넘쳐 났어요. 독일 정부에서는 화폐를 마구 찍어 대기 시작했고, 물가는 가파르게 오르기 시작했어요. 시민들이 빵 한 조각을 사려면 수레 가득 돈을 실어와야 했어요. 또한 밥 한 끼 값이 자그마치 1,050,000,000마르크(약 3천억 원)였대요. 이와 같이 물가가 올라 돈의 가치가 떨어지는 현상을 인플레이션이라고 합니다. '인플레이션'은 '부풀린다'는 뜻이에요. 그렇다면 인플레이션이 왜 발생하게 되는 걸까요?
물건이 부족하면 가격이 오릅니다. 마찬가지로 돈을 많이
찍어 내도 물건 가격은 올라요. 물건의 수는 똑같은데,
돈의 양만 많아지니 자연히 가격이 오르는 거예요.
한번 인플레이션이 일어나면 경제가 예전처럼
회복되는 데 시일이 오래 걸려요. 왜냐하면
사람들은 또 가격이 오를까 봐 물건을
사재기하고, 그러다보니
가격이 또 올라서 점점
살기가 어려워지거든요.

> 빵이 9억입니다.

> 자, 거스름돈 1억이요.

- 물가가 오르면 나쁠까?

"쯧쯧, 물가가 또 오르다니. 얘들아, 오늘은 고기반찬 없다!"
엄마가 TV 뉴스를 보시며 한 번씩 푸념을 하세요.
도대체 물가가 뭐길래 부모님이 걱정을 하시는 걸까요?
물가는 물건의 값을 말해요. 초콜릿 하나의 가격이 올랐다고 해서 물가가 올랐다고 하지는 않아요. 모든 물건의 값이 평균적으로 올라야 물가가 올랐다고 하지요.
소비가 늘어서 물건을 사려는 수요가 많아지면 물가도 올라요. 또한 석유와 같은 원자재 값이 오르면 물가도 덩달아 오른답니다. 원자재를 이용해 만든 물건의 값이 오르기 때문이에요.
물가가 크게 오르면 문제예요. 2,000원에 살 수 있던 고기를 이제 2,300원을 주고 사야 하니까요. 그래서 엄마처럼 고기반찬을 줄여 돈을 덜 쓰려고 할 테고, 저축도 덜 하겠지요. 투자도 줄어들어 더 이상 경제가 성장하지 않아 일자리도 줄어들 거예요.

물가가 오르면 기업들도 피해를 본답니다. 소비자들이 물건을 사지 않아 팔지 못한 물건들이 창고에 쌓여요.
또한 공장에서 물건을 만들기 위해서는 예전보다 더 많은 돈을 주고 원자재를 사야 하죠.
예를 들어 옷 공장에서 1,000원에 10개 사던 단추를 이제 5개밖에 못 사니, 옷을 생산하는 데 더 많은 비용이 들어요.
이와 같이 물가가 오르면 경제에도 나쁜 영향을 미친답니다.

어휴~ 물가가 또 올랐네.

17 계획을 세워 용돈을 사용해야 돼

- 알뜰하게 쓰는 용돈 기입장

"살 것은 많은데, 돈은 부족하고……. 용돈을 조금만 올려 주시면 좋을 텐데. 우리 부모님은 짠돌이야!"

혹시 이런 불만을 가져 본 적 없나요?

친구들과 햄버거도 사 먹고, 오락도 하고, 축구공, 장난감 등 원하는 걸 맘껏 살 수 있는 날이 올까요?

아마 그런 날은 오지 않을 거예요. 사람의 욕심은 끝이 없어서 하나를 사면 다른 걸 또 사고 싶어진답니다. 용돈이 얼마건 간에 늘 모자라다는 생각이 들 거예요.

한 주 또는 한 달마다 받는 용돈은 스스로 책임지고 관리하면서 써야 하는 돈이에요. 그렇다고 꼭 사고 싶은 물건을 사지 말고 꾹 참으라는 뜻은 아니에요. 계획을 세워서 꼭 지출해야 할 항목을 구체적으로 정하는 것이지요. 어릴 때의 용돈 관리는 돈 관리의 첫걸음입니다. 지금은 부모님께 용돈을 받아서 쓰고 있지만 언젠가는 직접 돈을 벌고, 모으고, 관리해야 하니까요.

- 용돈 기입장을 적어요

용돈을 허투루 쓰지 않는 건 돈을 버는 일과 같답니다. 그럼 용돈 기입장은 어떻게 적을까요?

첫째, 우선 용돈 기입장을 마련해요. 문방구에서 사도 좋고, 공책에 칸을 나눠 그려도 좋아요. 한국은행 홈페이지(www.bokeducation.or.kr)에 가면 용돈 기입장을 내려받을 수 있어요.

둘째, 예산을 세워요. 들어오는 돈이 얼마고, 그 돈을 어떻게 쓸 것인지 미리 계획하는 거예요.

셋째, 부모님께 용돈을 받으면 받은 날짜, 금액, 항목, 용돈을 쓸 때 지켜야 할 여러 규칙들을 미리 기록해요.

넷째, 수입, 지출, 남은 돈을 빠짐없이 적어요. 날마다 적어요. 용돈이나 설날에 받은 세뱃돈, 심부름을 해서 받은

돈은 모두 수입이에요. 적을 때는 날짜 순서대로 그 내용과 금액을 정확하게 적어요. 물건을 살 때 영수증을 받아 보관하면 나중에도 잊어버릴 염려가 없겠죠.

마지막으로 꼭 기억해야 할 점은 돈을 쓰기 전에 꼭 지출해야 하는 항목을 구체적으로 정해야 해요. 사려는 물건이 내게 필요한 것인지, 아니면 그냥 갖고 싶거나 먹고 싶은 것인지를 따지는 거예요. 그러면 불필요한 소비를 줄일 수 있어요.

시장에 가면 경제가 보여요

18 시장의 '보이지 않는 손'

- 시장이 다양해

오랜 옛날에는 사람들이 필요한 물건을 직접 만들어 쓰는 자급자족시대였어요. 그러다가 쓰고 남은 물건이 생기게 되었지요. 농사를 짓던 집에선 남아도는 쌀을, 어부의 집에선 남아도는 물고기를 필요한 물건과 맞바꾸기 시작했답니다. 물물교환이 이루

홈쇼핑

외환 시장

어진 것이지요. 그러다가 자연스럽게 정해진 날짜와 장소에서 물건을 맞바꾸기 시작하면서 시장이 생기게 되었어요.

물건을 사고판다는 점에서 재래시장이나 백화점, 할인마트만을 떠올리기 쉽지만 시장은 이보다 더 넓은 의미로 쓰여요.

눈에 보이지 않는 서비스를 사고파는 곳도 시장이라고 해요. 통신 판매의 하나인 홈쇼핑뿐 아니라 아파트 공사 현장에서 일할 사람을 사는 노동 시장, 돈을 거래하는 외환 시장도 있답니다.

– 수요와 공급에 의해 가격도 변해

"아유, 사과가 비싸네. 좀 깎아 줘요."
"안 돼요. 밑지고 장사하는 거예요."
시장은 수요와 공급에 의해 가격이 결정된다는 원리를 몸소 체험할 수 있는 곳이에요. 물건을 팔려고 하는 걸 공급이라고 하고, 물건을 사고자 하는 걸 수요라고 해요.
소비자는 물건을 싸게 사려고 하고, 생산자는 물건을 비싸게 팔고 싶어 해요. 가격은 그 중간의 적정한 선에서 결정돼요.
가격이 너무 비싸면 소비자는 물건을 사지 않을 테고, 물건 가격이 너무 싸면 생산자는 더 이상 물건을 팔지 않을 테니까요.

시장에선 그날그날 물건 값이 달라요. 가격은 수요와 공급에 의해 오르락내리락해요. 졸업식 즈음이 되면 꽃값이 몇 배로 뛰어요. 설날과 같은 명절에는 생선과 과일 값이 폭등하지요. 졸업식이 있는 때에는 꽃에 대한 수요가, 명절에는 차례상에 올라가는 과일이나 생선의 수요가 늘어나서 그래요.
장마 이후에 과일이나 채소가 금값이 되는 건 사정이 달라요. 수요는 일정한데, 공급이 적어서 가격이 오르는 거랍니다.
수요와 공급 법칙, 알면 알수록 신기한 법칙이죠?

보이지 않는 손이란?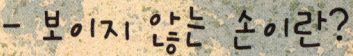

애덤 스미스는 영국의 유명한 경제학자예요. 그는 '시장은 보이지 않는 손에 의해 조종된다'고 말했답니다. 그렇다면 시장에 투명한 손이라도 있다는 말일까요? 애덤 스미스가 말한 보이지 않는 손은 시장 가격을 빗댄 말이에요.

옛날에는 물가는 나라에서 책임져야 한다고 생각했어요. 가격이 심하게 오르는지, 떨어지는지, 또 기업에서 물건을 비싸게 팔진 않는지 나라에서 일일이 감시하고 간섭해야 경제가 제대로 돌아간다고

교실밖 *톡톡상식

애덤 스미스는 분업을 하면 훨씬 더 많은 양의 물건을 만들 수 있다고 했어요. 10명이 각각 바늘을 만들면 한 사람당 20개밖에 못 만들지만, 10명을 분업시키면 하루에 약 4,000개 이상을 만들 수 있다고 주장했어요.

여겼답니다. 애덤 스미스는 이에 맞서 나라가 나서지 않아도 시장이 스스로 잘 돌아간다고 주장했어요. 수요와 공급에 의해 가격이 알아서 결정되고, 조절된다고 했지요. 게임기를 사려는 사람이 많으면 값이 오르고, 게임기 값이 비싸면 사려는 사람이 줄어들어 값이 떨어진다는 뜻이에요. 당시 애덤 스미스의 말은 사람들에게 신선한 충격으로 다가왔답니다.

오늘날에는 애덤 스미스의 '보이지 않는 손'을 기본으로, 물가가 지나치게 치솟으면 국가가 나서서 해결해야 한다는 생각이 일반적이에요.

19 직거래와 로컬 푸드

— 유통 과정이 복잡하면 가격도 올라

일산 가구 종합 단지, 강원도 고랭지 배추, 대구 사과……. 그 지방 특산물을 사기 위해 전국 팔도를 직접 돌아다녀야 한다면 정말 불편할 거예요. 오늘날에는 유통이 잘 되어 있어서 어디서나 편리하게 원하는 물건을 구할 수 있어요.

물건이 생산자에게서 소비자에게 오기까지의 과정을 '유통'이라고 합니다. 유통 과정은 다양해요. 생산자가 직접 소비자에게 팔러 오기도 하고, 시장을 거치기도 하고, 인터넷 쇼핑과 같은 통신 판매를 거치기도 해요.

그뿐인가요. 중간에 물건을 전달하는 도매와 소매까지 있어요. 도매는 물건을 묶음으로 많은 양을 파는 것이고, 소매는 필요한 양 만큼 사들여 소비자에게 직접 파는 것이에요. 이러한 다양한 통로를 거쳐 소비자에게 물건이 전달되지요.

거리가 멀수록 유통 과정도 복잡해져요. 중간에 여러 단계를 거쳐 운반이 되거든요. 물건을 옮기는 데 드는 운반비, 보관비, 그리고 물건을 도매하는 상인들의 수입까지 덧붙여져 가격이 자꾸 오른답니다. 마지막으로 물건을 받는 소비자도 비싼 가격에 물건을 사게 돼요.

– 물건을 싸게 사는 방법은?

생산자와 소비자 둘 다 이익을 얻는 방법은 없을까요?

생각보다 어렵지 않아요. 중간 단계를 없애고, 바로 생산자와 소비자를 직접 만나게 해 주는 거죠. 직접 거래를 한다고 해서 '직거래'라고 해요.

동네 주민들이 가게 터를 제공하면 농민이 갓 수확한 채소를 가지고 와서 팔아요. 주민들은 싱싱한 채소와 먹을거리를 싸게 살 수 있어 좋고, 농민은 채소를 비싼 값에 팔 수 있으니 더없이 좋아요. 게다가 생산자를 직접 만나니 건강한 먹을거리를 안심하고 살 수 있지요.

지역에서 나는 과일과 채소를 그 지역에서 사 먹는 '로컬 푸드'도 있어요. 유통 거리가 짧고 신선한 먹을거리를 안심하고 구할 수 있다는 장점이 있어요.

건강한 먹을거리에 관한 관심이 높아지면서 직거래와 로컬 푸드를 찾는 사람들이 점점 늘고 있답니다. 인터넷 쇼핑몰, 홈쇼핑을

통해 물건을 직접 사고파는 사람들도 많아지고 있어요.
생산자는 조금 더 비싼 값을 받을 수 있고 소비자는 싱싱한 먹을거리를 더 싸게 살 수 있고, 게다가 농촌도 살릴 수 있으니, 그야말로 '꿩 먹고 알 먹고'죠?

20 돈을 벌려면 생산성을 높여야 해

- 생산의 삼총사는 토지, 노동, 자본

어린이의 영원한 간식 떡볶이는 생산품이에요. 밀가루를 포함해 각 지역에서 올라온 각종 양념과 재료, 요리사의 솜씨, 그리고 떡볶이 가게가 어우러져 떡볶이를 사고팔 수 있게 만들지요.

이와 같이 생산에 필요한 것을 '생산 요소'라고 합니다. 그중에서도 생산에 꼭 필요한 토지, 노동, 자본을 '생산의 3요소'라고 해요. 토지는 농사를 짓거나 공장을 짓는 데 필요한 땅을 말해요. 물, 햇빛과 같은 자연도 포함돼요. 노동은 재화와 서비스를 만드는 사람들의 노력을 말해요. 솜씨 좋은 요리사의 노동, 재

교실밖 * 톡톡상식

'생산의 3요소'에 회사를 운영하는 경영, 생산성을 높이는 기술을 포함시켜 '생산의 5요소'라고 부르기도 해요.

료인 떡을 만드는 사람의 노동 등은 모두 노동의 일부분이지요. 생산 활동을 하는 데 쓰는 모든 돈은 자본이고요. 회사를 잘 운영하려면 토지, 노동, 자본을 이용해 생산성을 높여야 해요.

예를 들어 똑같은 조건에서 시들회사에서는 떡볶이를 200개, 열심회사는 300개를 만들었다면 열심회사가 더 생산성이 높다고 말해요. 생산성이 높아지면 그만큼 돈도 많이 벌 수 있어요.

– 헨리 포드의 자동차 공장, 대박 나다

마트에 가면 똑같은 제품들이 죽 널려 있어요. 기계를 이용해 한꺼번에 많이 찍어 냈기 때문이죠. 이와 같이 규격화된 제품을 기술과 기계를 사용해 대량으로 생산하는 것을 '대량 생산'이라고 해요. 대량 생산 덕분에 작업 속도도 빨라지고 제품의 가격도 낮아졌어요. 이 대량 생산 방식을 만든 사람이 '자동차의 왕'이라 불리는 헨리 포드입니다.

1900년대 초만 해도 도로 사정이 나쁘고, 자동차 한 대를 만들려면 일일이 사람 손을 거쳐야 했기 때문에 시일이 오래 걸리고, 값도 비싸 부자들만의 것이라는 생각이 강했어요.

당시 자동차 공장을 하던 헨리 포드는 누구나 탈 수 있는 자동차를 만들 방법을 찾다가 대량 생산을 생각해냈답니다.

1913년, 드디어 돌돌 돌아가는 컨베이어 벨트를 설치해 생산성을 높인 덕에 하루에 생산하는 자동차가 7,500대에 이르렀어요.

대량 생산의 중요한 두 가지는 표준화와 분업이랍니다. 나사와 너트를 비롯한 5천여 가지의 부품을 표준화하여 자동차를 빨리 조립할 수 있었어요. 또한 한 사람이 자동차 하나를 만들던 방식에서 일을 나누어 분업한 덕에 작업 속도가 매우 빨라졌지요.

21 미래의 첨단 산업은?

- 산업의 종류

생활에 필요한 것을 만드는 모든 활동이 산업이에요. 산업은 무엇을 어떻게 만들어 내느냐에 따라 1차 산업, 2차 산업, 3차 산업으로 구분해요.

1차 산업은 자연환경을 이용한 산업이에요. 논에서 나는 벼, 산에서 나는 나물, 바다에서 나는 생선 등 자연에서 얻어지는 것들을 말해요. 임업, 농업, 수산업, 축산업 등이 여기에 속해요.

2차 산업은 1차에서 얻은 생산물을 이용해 물건이나 에너지를 만드는 산업이에요. 자연을 가공한 공업, 물건을 대량으로 만드는 제조업, 건물을 짓는 건설업이 여기에 속해요. 전기나 가스, 물을 공급하는 전력·가스·수도업이 포함돼요.

3차 산업은 사람들의 생활을 편리하게 만들어 주는 산업으로 서비스업이라고도 불러요.

음식을 파는 요식업, 물건을 나르는 운송업, 돈을 취급하는 금융업, 학생들을 가르치는 교육, 병을 치료하는 의사의 진료 등이 여기에 속해요.

– 미래에는 어떤 산업이 발달할까?

지역마다 발달한 산업이 달라요. 산업의 발달은 그 지역의 자연 환경과 기술에 따라 정해져요. 넓은 평야가 있는 곳은 농업이 발달하고, 바닷가 지역은 수산업이 발달해요.

나라마다 발달 산업도 달라요. 대개 선진국에선 3차 산업이 많은 비중을 차지하지만 개발도상국들은 1차 산업의 비중이 높아요. 경제가 발전할수록 1차 산업에서 2차, 3차 산업으로 옮겨 가지요.

미래에는 어떤 산업이 발달할까요?

지금의 사회 문제를 해결할 수 있는 새로운 산업이 자꾸 생기고 발전할 거예요. 최근에는 자동차 이용이 늘어나면서 심각해진 대기오염 문제를 해결할 무공해 에너지를 개발하려는 노력이 활발해지고 있어요. 부족한 석유 자원을 대체할 에너지 산업, 늙지 않고 병들지 않도록 만드는 생명공학 산업, 부족한 땅과 자원 문제를 해결할 우주 개발 산업 등도 발달할 거예요. 생활을 더욱 편리하게 해 줄 똑똑한 컴퓨터를 만드는 정보 산업도 많은 기업에서 개발하고 있답니다.

22 디지털 산업이 뜬다

- 휴대전화와 UCC

한국인 소년이 천재적인 기타 연주를 찍은 동영상을 인터넷에 올려 화제가 된 적이 있어요. 조회 수가 무려 백만 건을 넘어섰지요. 소년이 올린 동영상을 UCC(사용자 제작 콘텐츠)라고 해요. 학교 축제 때 친구와 함께 춘 춤을 블로그에 올리면 그게 바로 UCC가 돼요. 천안함의 비극적인 사건을 보고 죽은 군인에게 애도의 글을 다는 것도 UCC라고 볼 수 있어요.

UCC로 세상은 더욱 가까워졌답니다. 내 취미 활동이나 일상의 모습을 공개해 누구나 볼 수 있지요. 친구와 찍은 엽기적인 사진, 요리법 하나로 세계 여러 나라의 사람과 대화도 할 수 있어

● 요점 정리
UCC와 스마트폰의 등장으로 세계 곳곳의 사람들과 소통을 하고, 언제 어디서든 빠른 속도로 정보를 얻게 되었어요.

요. 자기 의견이나 생각도 적극적으로 표현할 수 있게 되었지요. 휴대전화도 점점 똑똑해지고 있어요. 전화를 걸고 받기만 하는 건 구식이에요. 사진을 찍는 건 물론이고, 인터넷과 연결되어 길도 찾아 주고 오늘의 날씨도 알려 줘요. 지하철 안에서 메일을 확인하고 회사 서류를 보내고 쇼핑도 해요. 또 똑똑한 휴대전화 '스마트폰'의 등장으로 언제 어디서든 빠르게 정보를 얻게 되었답니다.

23 백화점 세일은 손해일까, 이익일까?

— 세일, 아무리 해도 손해는 안 나요!

"거인 백화점 정기 세일", "여름맞이 물놀이 용품 특별 세일" 계절마다 또는 특별한 날에는 백화점에서 대대적으로 세일을 해요. 많게는 반값이 넘게 깎아 줘요.

세일 기간이 되면 사람이 북적북적거리는데 정가보다 싸게 팔면 많이 팔수록 더 손해 아닐까요?

우리가 입는 옷이나 상품은 유행이 있어요. 갈수록 자주 바뀌는 유행 때문에 백화점 입장에서는 더 많은 상품을 빨리 팔수록, 그리고 새 옷을 많이 팔수록 유리하답니다. 조금만 유행이 지나면 사람들이 찾지 않으니까 세일을 해서라도 빨리 상품을 처분하는

● 요점 정리
백화점에서 세일을 하는 이유는 싼값에 더 많이 팔아 수익을 올릴 수 있기 때문이에요.

거죠. 사람들이 다 살 때까지 기다리려면 물건 보관 비용도 많이 들어요. 그뿐인가요. 평소 백화점에 잘 가지 않던 사람들도 세일 기간에 몰리기 때문에 오히려 매출액은 늘어난답니다. 싼값에 물건을 더 많이 팔아서 이윤을 많이 남길 수 있지요. 옷을 만드는 회사에서는 나중에 세일을 통해 가격을 낮춰 팔 것까지 계산해 가격을 결정한 것이니 어차피 손해는 아니죠.
세일, 아무리 해도 손해날 일 없어요.

24 편의점이 밤새 문을 여는 까닭은?

― 다른 가게들이 문 닫는 밤을 노려라!

저녁 9시가 넘으면 가게들은 문을 닫아 온 거리가 조용해요. 이곳만이 캄캄한 밤에도 훤히 불을 밝히고 있지요. 어느 때든 원하는 시간에 물건을 살 수 있는 가게, 편의점이에요.
"우리는 죽어 있는 시간을 새로 만든다."

세계 최초의 편의점인 세븐 일레븐의 구호랍니다. 모두 잠든 시간에도 깨어 있다는 편의점의 정신이 잘 살아 있죠?

편의점은 한꺼번에 많은 물건을 팔진 않아요. 매장도 그다지 크지 않죠. 하지만 고객에게 필요한 웬만한 물건을 다

교실 밖 *톡톡상식

'편의점의 인기 품목은 뭘까요?' 더위가 시작되는 여름에는 아이스크림이, 추운 겨울이 오면 호빵이 대인기랍니다. 한 해 판매량의 절반이 이때 팔려요.

갖춰 편리하게 이용할 수 있답니다.

편의점은 24시간 훤히 불을 밝혀요. 문을 닫는 법이 없어요. 문을 연 시간이 길수록 판매도 늘기 때문이죠.

밤새 문을 열려면 전기료도 더 들고, 종업원에게 더 많은 월급을 줘야 하지만 본사에서 지원을 해 줘요. 깜깜한 밤을 선명하게 밝히는 간판이 광고 효과가 있기 때문이에요.

25 외국 기업들이 몰려와

- 아프리카에서도 코카콜라를 마셔요

장소를 가리지 않고 세계에서 가장 많이 팔리는 상품은 무엇일까요? 1위가 코카콜라예요. 톡 쏘는 맛으로 세계 사람들의 입맛을 사로잡았죠. 코카콜라의 이름이 갖는 가치를 돈으로 환산하면 정말 어마어마해요.

코카콜라는 다국적 기업이랍니다. 다국적 기업이란 여러 개의 국적을 가진 기업을 말해요. 세계 곳곳에 회사, 지사, 공장 등을 지어 생산하고 판매하는 회사지요. 세계로 뻗어 가 여러 나라에서 사업을 하고 있어서 글로벌 기업이라고도 해요. 우리나라에서 사업을 하면 코카콜라의 국적은 대한민국이 되는 셈이죠.

코카콜라의 본점은 미국에 단 하나뿐이에요. 하지만 코카콜라는 세계 구석구석을 누비며 팔리고 있지요. 미국에서 만든 코카콜라를 세계 여러 나라에 보내려면 운반하는 시간도 오래 걸리고 운송비도 비쌀 거예요. 그래서 각 나라에 코카콜라 공장을 만들어 그곳에서 직접 제품을 만듭니다.

우리나라에서는 우리나라에서 인기 있는 연예인들을 내세워 제품을 홍보해요. 미국의 잘 모르는 가수가 선전하는 것보다 물건이 잘 팔리니까요.

단, 코카콜라 맛을 내는 기술, 자본 등은 미국 본점에서 정한 엄격한 규칙에 맞춘답니다.

- 다국적 기업의 두 얼굴

맥도날드, 마이크로소프트사, 소니, 우리나라의 삼성, 현대도 코카콜라와 같은 다국적 기업이에요. 세계 곳곳에 회사와 공장을 세워 그곳에서 햄버거나 자동차, 휴대전화 등을 생산하고 판매하지요. 다국적 기업은 세계적으로 물건을 싸게, 많이 판매할 수 있어요. 세계 곳곳을 누비며 사업을 하기 때문에 세계 경제를 활발하게 이끌고, 특히 경제가 발전되지 않은 나라에 공장을 짓고 세금도 내고 일자리도 만들어 주는 등의 좋은 점도 있어요. 하지만 다국적 기업은 문제점이 더 크답니다. 우선 세계 시장을 한 상품이 독점할 수 있어요. 또한 경제적으로 넉넉하지

못한 나라에 회사를 세워 아주 싼값에 일을 시켜요. 돈을 몇 푼이라도 더 벌기 위해 사람들은 어쩔 수 없이 일을 하고, 여기서 벌어들인 이익의 대부분은 본사가 가져가요. 다국적 기업의 덩치가 매우 커진 것도 문제예요. 세계 무역의 80퍼센트를 독차지할 정도지요. 상대적으로 힘이 약한 국내 기업들은 다국적 기업과 경쟁해봤자 여러모로 불리해요. 다국적 기업에 비해 자본과 기술력이 부족해 똑같이 경쟁하고 발전하기가 어렵답니다. 다국적 기업이 많은 물건을 싼값에 팔기 때문에 판매 경쟁에서 밀리고, 막대한 돈을 투자해 선전을 하기 때문에 광고 경쟁에서도 밀리기 때문이에요.

26 독점과 특허, 뭐가 다를까?

— 독점은 금지하고, 특허는 보호받아

물건을 오로지 한곳에서 독차지해 파는 걸 독점이라고 해요. 독점 기업은 오로지 한곳에서만 팔기 때문에 사람들에게 비싸게 물건을 팔 수 있어요. 경쟁하는 기업이 없으니까 소비자는 그 물건이 비싸더라도 필요하면 울며 겨자 먹기 식으로 살 수밖에 없어요. 이러한 피해를 줄이기 위해서 나라에서는 공정거래위원회를 만들어 독점을 막고 감시하고 있답니다.

무조건 독점을 막기만 하는 건 아니에요. 생활에 필요한데도 구할 수 없는 것들을 연구하고 개발하도록 정부가 도와주기도 해요. 이것이 바로 특허 제도예요. 독점을 법으로 보장해 주는 것

● 요점 정리
물건을 독차지해 비싼 값에 파는 독점은 금지하지만 새로운 것을 발명하거나 발견하는 특허는 보호받아요.

이지요. 예를 들어 떡볶이 명인이 비밀 소스를 개발해 특허 등록을 하면 다른 사람들은 그 소스를 함부로 쓸 수 없어요. 꼭 쓰고 싶다면 로열티(다른 사람이 가지고 있는 기술이나 능력을 사용할 때마다 지불해야 하는 돈)를 내야 해요. 이것은 소스를 개발하기 위해 그동안 기울인 노력과 지식, 기술을 인정하고 법으로 보장해 준다는 의미이기도 해요.

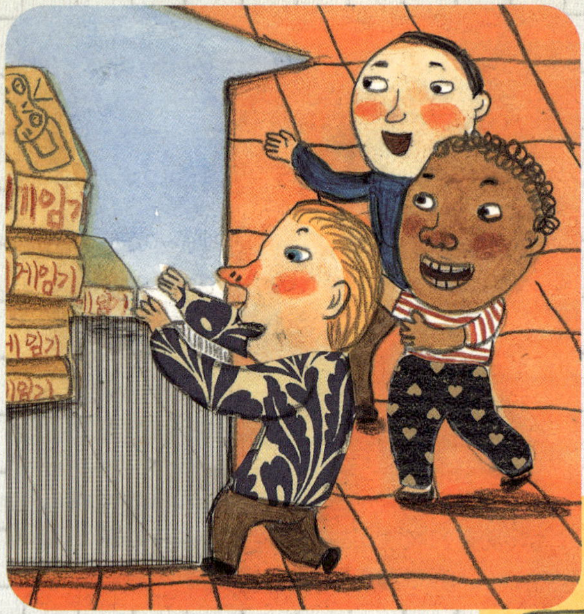
게임기
게임기

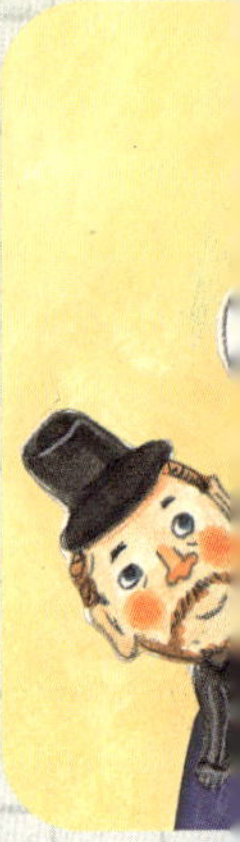

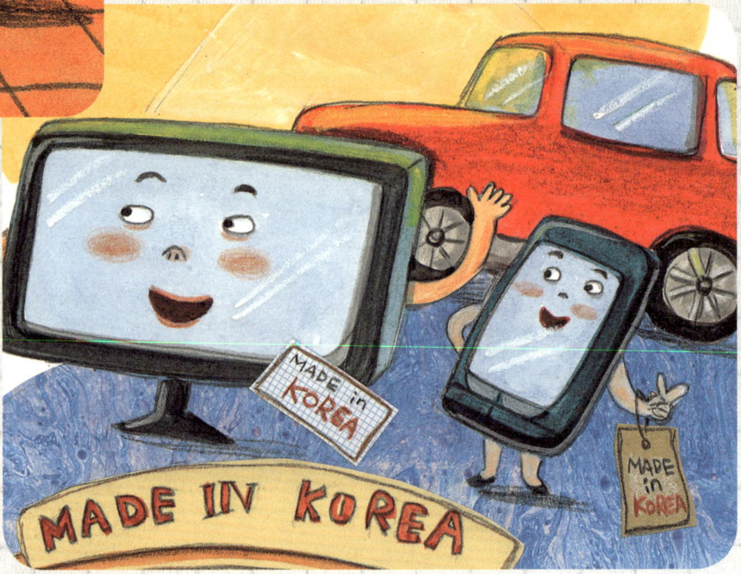
MADE in KOREA
MADE in KOREA
MADE IIV KOREA

RICE
친환경
쌀

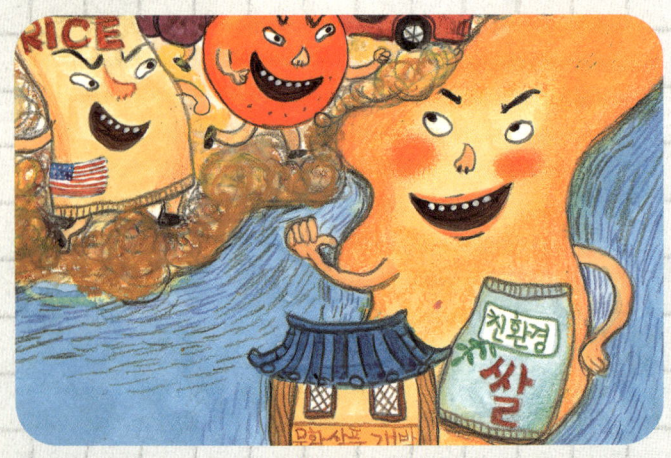

세계를 보면 경제가 보여요

27 왜 우리나라는 수출에 힘쓰지?

― 세계를 상대로 무역을 해

미국에서 해리포터 시리즈 책이 발간되면 며칠 안에 우리나라에서도 구할 수 있습니다. 그야말로 세계화의 시대지요.

교통과 통신의 발달로 사람들은 언제 어디서나 원하는 곳에 갈 수 있어요. 인터넷으로는 세계 어린이들과 실시간으로 채팅을 할 수 있어요. 먼 거리는 더 이상 문제가 되지 않아요. 세계가 점점 가까워지면서 사람뿐 아니라 기업, 나라끼리 정치, 경제, 문화 등을 주고받으며 살아요. 나 홀로 사회에서 살아갈 수 없듯이 이제 국가도 혼자 살아갈 순 없어요. 세계의 값싼 상품을 수입하고, 우리나라의 질 좋은 상품을 수출하는 등 자유롭게 무역을 하

● 요점 정리
오늘날은 세계가 하나의 시장이 되어 거래를 하는 세계화의 시대예요.

며 세계 여러 나라와 교류하지요.

세계화가 본격적으로 시작된 지는 30여 년밖에 되지 않아요. 세계로 뻗어 나가면서 무역을 할 수 있는 폭이 넓어졌고 이익도 더 많이 얻게 됐지요. 그러나 세계화가 꼭 좋은 것만은 아니에요. 경쟁력을 갖춘 부유한 나라는 더 큰 이익을 얻지만, 힘이 없는 가난한 나라는 더욱 가난해져 빈부 격차가 심해지는 문제점이 있어요.

~ 이제는 지구촌 시대 ~

– 우리나라가 수출 중심 국가라고?

1950년대에 전쟁으로 온 나라가 폐허가 되었던 우리나라는 경제를 일으키기 위해 다른 나라에서 돈을 꿔야 했답니다. 불과 60여 년 전, 할아버지가 사시던 때의 이야기예요.

천연자원이 부족한 우리나라는 각종 과일이나 곡물, 광물과 같은 원료를 모두 수입할 수밖에 없는 형편이었어요. 그래서 '수출만이 살 길'이라고 외치며 해외 시장에 물건을 팔기 위해 노력하기 시작했지요. 부족한 자원을 해외에서 수입한 다음, 제품을 다시 만들어 해외에 수출하는 거죠. 물건을 가공해 파는 무역이라고 해서 '가공무역'이라고 해요.

특히 배를 만드는 조선업, 컴퓨터의 핵심 부품인 반도체 산업, 자동차 만드는 기술은 세계에서 알아준답니다.

오늘날엔 우리 기업들이 세계 곳곳에 진출해 대한민국이라는 이름을 널리 알리고 있어요. 뛰어난 건설 기술을 바탕으로 사막에 건물을 세우고, 다른 나라와 공동으로 기술을 개발하고 있어요. 또한 우리 기업이 만든 질 좋은 TV와 냉장고, 휴대전화를 이제 세계 여러 나라의 사람들이 쓰고 있어요. 외국에 나가면 '메이드 인 코리아(Made In Korea)'가 쓰인 제품을 쉽게 찾아볼 수 있답니다. 언제 해외에 나가게 되면 꼭 한번 찾아보세요.

28 세계 경제는 서로 영향을 미쳐

― 미국 경제가 좋아지면 우리 경제도 좋아져

우리나라는 자원이 부족하기 때문에 무역이 활발히 일어나는 국가 중 하나예요. 수출을 많이 해야 경제도 발달할 수 있지요. 그러다보니 세계 경제의 작은 영향에도 우리나라 경제는 크게 영향을 받는답니다.

예를 들어 수입하는 원자재 값이 오르면 어떻게 될까요? 원자재를 수입하려면 더 많은 돈을 줘야 하고, 생산하는 데 드는 비용이 더 많아져요. 소비자 입장에서는 물건은 같은데, 가격만 올랐으니 돈을 더 주고 사고싶지는 않겠지요.

수출을 많이 하는 우리나라는 경제의 약 70퍼센트가 해외 무역

>  **요점 정리**
> 우리나라는 수출의 70퍼센트를 해외 무역에 의존하기 때문에 다른 나라보다 세계 경제에 민감하게 영향을 받아요.

에 집중되어 있어요. 이에 비해 미국이나 일본은 무역이 나라 경제의 약 30%를 차지한답니다. 외국 경제가 나빠져도 일본은 별 타격을 받지 않는데, 우리나라는 크게 휘청대요.

특히 우리 수출은 중국과 미국에 쏠려 있어서 미국 경제가 나빠지면 수출액이 크게 줄어들어 우리나라 경제도 덩달아 나빠져요. 앞으로 국내 시장을 튼튼하게 키워야 우리 기업들도 견디고 나라 경제도 튼실해질 거예요.

29 무역 다툼이 생기면 누가 해결해 주지?

- 싸움 해결사 WTO와 FTA

"아니, 우리 소심나라가 수출한 물건에만 세금을 몇 배나 높게 매기다니······."

소심나라가 욕심나라의 횡포에 화가 났어요. 이 억울함을 어디에 호소해야 할까요?

나라끼리의 싸움을 해결하는 기구가 세계무역기구(WTO)예요. 1995년 나라끼리 자유롭게 무역할 수 있도록 만든 국제기구예요. 세계무역기구는 나라끼리 무역을 하다가 다툼이 생기면 이를 조정해 주는 역할을 한답니다.

예를 들어 어느 한 나라가

다른 나라에 관세를 높게 매겨 자유로운 무역을 방해하면 관세를 낮추라고 요구할 수 있어요. 반대로 상품을 반값으로 낮춰 시장 질서를 어지럽히면 재판을 하고, 벌금도 매겨요.

세계무역기구와 더불어 세계 경제에 중요한 역할을 하는 것이 자유무역협정(FTA)이에요. 무역을 할 때 내는 세금인 관세를 낮추거나 여러 가지 혜택을 줘서 나라끼리 자유롭게 무역할 수 있도록 도와주지요.

우리나라는 2003년 칠레와 처음으로 자유무역협정을 맺었어요. 이외에도 일본, 싱가포르, 유럽 연합(EU) 등 여러 나라와 자유무역협정을 맺었답니다.

– 농수산물 시장을 개방해, 말아?

값싼 외국 쌀을 들여온다면 어떻게 될까요?

사람들은 상대적으로 값이 싼 외국 쌀을 찾게 되고, 소득이 줄어든 농민들의 생활은 더욱 어려워질 거예요. 가격 경쟁이 되지 않아 농사를 포기하는 농민이 나올지도 몰라요. 결국 쌀을 재배하는 농민이 줄어들면 쌀 수입에 의지하게 되고, 나중에 외국이 쌀 가격을 올려도 어쩔 수 없이 사 먹어야 할 수도 있어요.

특히 쌀은 우리 국민의 주식이기 때문에 쌀 시장이 개방되면 농민들의 피해는 더 커져요. 자칫 잘못하면 우리나라 농업이 위태로워질 수도 있어요. 하지만 다른 나라에서는 자유무역협정이 세계화의 한 흐름이라며 거세게 밀어붙이고 있답니다. 농산물과

> ● **요점 정리**
> 농수산물 시장이 개방되면 소비자는 싼값에 외국 농산물을 살 수 있지만, 농민들은 소득이 줄어들어 생활하기가 어려워진다는 문제점이 있어요.

교육, 의료, 서비스까지 전부 개방하라고 눈치를 주고 있죠. 앞으로 이러한 위기에 대비하기 위해서는 어떤 상품과 맞붙어도 뒤떨어지지 않는 좋은 상품을 개발해야 돼요. 농부들이 쌀 재배에 몰두할 수 있도록 나라의 든든한 지원도 필요하겠지요.

30 환율이 오르면 물가가 안정된다고?

- 환율은 수요와 공급의 원리로 결정돼

환율은 날마다 달라져요. 환율은 두 나라 돈을 교환하는 비율이에요. 나라마다 다른 돈을 바꿀 때의 비율이랍니다. 외국 여행을 떠나게 되면 미리 우리나라 '원화'를 미국의 '달러화'로 바꿔요. 이때 환율이 적용되지요. 예를 들어 오늘 달러 환율이 1200원이라면 우리나라 돈 1200원을 1달러와 바꿀 수 있어요. 환율은 가격과 마찬가지로 수요와 공급에 의해 결정돼요.

만약 우리나라 돈을 필요로 하는 사람이 많아지면 우리

> **교실밖 * 톡톡상식**
>
> 환율에도 종류가 있어요. 고정환율제는 환율이 변하지 않아요. '1달러는 무조건 1200원'이라는 식이죠. 변동환율제는 환율이 계속 변하는 제도로, 오늘날 대부분의 나라에서는 변동환율제를 채택하고 있어요.

나라 돈이 상대적으로 비싸져요. 어제는 1,200원을 1달러와 바꿀 수 있었는데 우리나라 돈을 찾는 사람이 많아지면 1000원으로 1달러와 바꿀 수 있어요. 이와 같은 경우를 '환율이 떨어졌다'고 한답니다. 반대로 우리나라 돈을 필요로 하는 사람이 적으면 우리나라 돈은 싸져요. 돈의 가치가 떨어져서 환율이 오르는 거죠.

환율이 오르락 내리락!

- 환율이 오르면 수출이 늘어

해외여행 빼놓고는 환율을 알 필요가 없을 것 같지만, 사실 환율은 우리 생활과 매우 가까이 있어요. 당장 수출과 수입에 큰 영향을 끼치거든요.

환율이 떨어지면 어떤 일이 벌어질까요?

1달러에 1200원하던 환율이 어느 날 1달러에 1000원이 되었다고 상상해 보세요. 게임기를 1200원에 수입하던 기업에서는 이제 1000원만 주면 사 올 수 있으니까 더 많은 게임기를 수입하려고 하겠죠. 사람들도 가격이 내린 수입품을 더 찾게 되고요.

반면 1200원에 로봇을 해외에 수출하던 기업에서는 1000원만 받고 해외에 팔아야 하니, 이만저만 손해가 아니죠. 아하, 환율이 떨어지면 수출보다 수입이 유리해지는군요.

> ● 요점 정리
> 환율이 오르면 수출이 늘고, 환율이 떨어지면 수입이 늘어요.

그렇다면 수출 중심 국가인 우리나라의 입장에서는 환율이 오르는 게 더 유리할까요? 결코 그렇진 않아요. 환율이 오르면 수출은 늘어나겠지만 미화 1달러를 바꾸는 데 더 많은 원화가 필요해요. 우리나라 돈의 가치가 떨어지고 나아가 나라 힘도 약해진다고 볼 수 있어요.

31 왜 공정 무역이 중요할까?

- 초콜릿의 비밀

달콤한 초콜릿의 비밀을 알고 있나요?

초콜릿의 원료는 카카오예요. 가나, 코트디부아르 등 서아프리카에서 많이 나는 열매랍니다.

서아프리카는 아직 기술이 덜 발달해 잘 사는 편이 아니에요. 카카오를 재배하는 농부들도 마찬가지예요. 실제로 1000원짜리 초콜릿을 사면 그중 농부의 몫은 20원에 불과하대요. 농부들은 헐값에 중간 상인에게 팔아넘기고, 중간 상인들만 다른 나라에 비싸게 팔아넘

교실밖 * 톡톡상식

'공정 무역 초콜릿은 어떻게 구별할까요?' 공정 무역을 하는 초콜릿에는 마크가 붙어 있어요. 세계적인 공정 무역 단체가 초콜릿 제조 과정을 깐깐하게 심사해 붙인 마크예요.

겨 떼돈을 벌어들이지요. 더 심각한 문제는 농장에서 일하는 사람이 여러분 또래의 친구들이라는 거예요. 학교를 그만두고 온종일 뙤약볕에서 노예처럼 일한답니다.

공정 무역은 농민들에게 정당한 값을 주고 사자는 '착한 무역'이에요. 최대한 어린이들에게 일을 시키지 않고, 제값을 받고 일할 수 있게 해 주자는 것이지요.

공정 무역 마크

32 짝퉁이 왜 나쁠까?

- 경제 성장을 가로막아

나이키 짝퉁 '나이스'를 본 적 있나요?

디자인도 똑같고, 로고나 상품 이름만 교묘하게 살짝 바꿔 싸게 판매됐지요. 지금도 이태원이나 동대문에 가면 각종 명품 가방이나 지갑과 똑같이 생긴 짝퉁이 인기리에 팔리고 있답니다.

그렇다면 짝퉁을 사는 게 왜 문제가 될까요?

사실 짝퉁은 불법이에요. 몇 년 간 연구하고 노력해 만든 디자인을 함부로 베낀 것이죠. 그리고 최근엔 약, 자동차 부품에도 짝퉁이 등장해 사람들의 건강과 안전까지 위협하고 있답니다.

1989년 노르웨이 비행기가 추락해 탑승객 55명이 모두 숨진 일

> ● 요점 정리
> 남의 것을 베껴 편하게 돈을 버는 짝퉁 제조는 불법 행위이자 경제 성장을 가로막고 국가 이미지까지 훼손시켜요.

이 있었어요. 비행기 몸과 꼬리를 연결하는 볼트가 부서지면서 꼬리가 떨어진 게 그 원인이었는데, 놀랍게도 그 볼트가 짝퉁이었다고 해요. 짝퉁을 잘못 사용하게 되면 목숨도 잃을 수 있어요. 명품은 하루아침에 만들어지지 않아요. 더 나은 기술과 디자인을 위해 연구하고 노력해 얻은 성과예요. 남의 것을 함부로 베껴 편하게 돈을 벌 수 있다면 어느 회사에서도 더 나은 기술을 개발하려고 노력하지 않을 거예요.

33 나라마다 성적표가 있어

- 우리나라 신용 점수는 몇 점?

학기 말이면 선생님이 학생들에게 성적표를 나눠 주시지요. 학생이 한 학기 동안 공부를 잘했는지 평가를 하는 거예요.
나라에도 이와 같은 성적표가 있답니다. 그 이름은 국가 신용도! 한 나라의 신용 점수로써, 나라끼리 교류를 할 때 국가 신용도가 큰 영향을 끼쳐요.
국가의 신용 점수는 국제적인 신용 평가 회사가 매겨요. 국가 재정이 튼실한지, 외환 보유액이 넉넉한지, 외채가 많은지를 분석해 A, B, C, D 등으로 나눠 점수를 매겨요. 그 중에서도 무디스, S&P, 피치가 유명하답니다. 기관마다 평가한 국가 신용도는 조금씩 달라요.
국가 신용도는 무역을 하는 데 있어서 아주 중요해요. 많은 나라들이 이 세 곳의 점수를 보고 다른 나라와 교류를 계속할지 아니면 중단할지를 결정하기 때문이에요.

우리나라는 IMF 경제 위기 이전만 해도 신용도가 높았어요. 3대 평가 기관에서 모두 A 등급을 받았지요. IMF 경제 위기 이후 신용 등급이 아주 낮게 떨어졌다가 지금은 예전의 신용도를 회복했어요. 국가가 한 번 신용을 잃으면 다시 회복하기가 참 힘들어요.

34 우리나라는 부자 나라일까?

- 국민 소득이 높으면 부자 나라일까?

명품나라엔 돈이 아주 많아요. 울퉁나라는 힘이 세지요. 맘대로 나라는 아주 자유로워요. 도우미나라는 노인이나 장애인을 위한 시설이 잘 되어 있고요.

네 나라 가운데 부자 나라는 어느 나라일까요?

부자 나라라고 하면 대개 '국민 소득'으로 평가해요. 국민 소득이란 한 나라의 국민이 벌어들인 돈을 말해요. 나라 전체의 소득이라고 할 수 있어요.

어마어마한 인구가 사는 중국은 국민 소득이 꽤 높답니다. 인구가 많으니까 전체 국민

> **교실밖 * 톡톡상식**
>
> 선진국은 1인당 국민 소득으로만 따지지는 않아요. 그 밖에 정치, 문화, 복지 수준이 높은 나라를 일컫지요. 우리나라도 아직 선진국에는 들지 못했어요.

이 벌어들인 돈도 많지요. 그러면 중국은 부자 나라일까요? 그렇지는 않아요. 한 사람 한 사람의 소득을 따지면 매우 적거든요. 그러므로 경제적으로 풍요로운 나라인지를 따지려면 '1인당 국민 총소득'을 알아야 해요. 1인당 국민 총소득은 국민 소득을 그 나라의 인구수로 나눈 수치랍니다. 사실 부자 나라임을 평가하는 데에는 여러 기준이 필요하지만 다른 것들은 숫자로 나타낼 수 없기 때문에 국민 소득으로 파악하는 경우가 많답니다.

- 행복한 나라 1위가 방글라데시라고?

미국의 한 경제학자가 54개 나라 국민들에게 '당신은 행복한가요?' 하고 물어봤어요. 1위가 어디였을 것 같나요?

놀랍게도 1위는 방글라데시였어요. 우리나라 국민 소득의 20분의 1 남짓밖에 되지 않는 가난한 나라지요. 2위는 아제르바이잔, 3위가 나이지리아였습니다.

부자 나라로 알려진 독일은 42위, 일본은 44위, 그리고 미국이 46위였어요. 특히 미국은 지난 50년 동안 소득이 두 배 넘게 늘었지만, 국민이 느끼는 행복감은 오히려 낮아졌지요.

또 다른 조사도 있어요. 2006년에 영국의 한 교수가 178개 나라의 '행복 지도'를 조사해 발표했어요. 행복 지도는 한 나라가 국민의 건강과 만족스러운 생활을 위해 자원을 얼마나 쓰고 있는지를 나타낸 지도예요.

그 결과 1위는 덴마크가 차지했고, 스위스, 오스트리아가 그 뒤를 이었어요. 세 나라 모두 유럽 국가들로, 경치가 아름답기로 유명하고 환경 보호에 힘쓰는 나라들이지요.

미국은 23위, 일본은 90위에 그쳤어요. 공통적으로 소득이 높고 국민이 오래 살아도 에너지를 많이 소비하고 환경을 해치는 나라는 순위가 낮았어요.

- 국가의 행복 순위 -

1위 방글라데시
2위 아제르바이잔
3위 나이지리아

우리나라는 몇 위였을까요? 102위였답니다. 중간에도 못 미치는 성적이지요. 물론 조사 내용도 다르고, 결과의 차이도 있지만 두 조사 모두 소득이 높다고 해서 행복이 커지는 건 아니라는 사실을 알려 주고 있어요. 앞서 1위를 차지한 방글라데시는 돈보다 가족, 친척, 이웃과 친하게 지내며 행복을 찾는다고 경제학자들은 결론을 내렸답니다.

● 요점 정리

부자 나라 국민이라고 꼭 행복한 건 아니에요. 국민이 행복하려면 국민 소득 외에 환경, 복지 등을 두루 생각해야 돼요.